Dieses SchneiderBuch gehört

Leopé
ist Autor und Illustrator und arbeitet für viele Verlage.
Er liebt es, Geschichten zu illustrieren, und er liebt es besonders, wenn die Geschichten viele Überraschungen bieten. Am meisten aber liebt Leopé es, sich seine Geschichten selber auszudenken, weil er dann so viele Überraschungen einbauen kann, wie er will.

Leopé

Der verzauberte Staubsauger

und andere Hexengeschichten

Schneider Buch

Bibliografische Information Der Deutschen Bibliothek
Die Deutsche Bibliothek verzeichnet diese Publikation in der Deutschen Nationalbibliografie; detaillierte bibliografische Daten sind im Internet über http://dnb.ddb.de abrufbar.

Dieses Buch wurde auf umweltfreundlich hergestelltes Papier gedruckt.

Der Schneider Verlag im Internet:
http://www.schneiderbuch.de

Titelbild und Illustrationen: Leopé
Logoillustrationen: Ralf Butschkow
Herstellung/Satz: Gabi Lamprecht, 20° SchulbuchNord
Druck/Bindung: Westermann Druck Zwickau GmbH, Zwickau
ISBN 3-505-11870-2

03 04/8 7 6 5 4 3 2 1

Inhalt

Hexenfrühstück

„Uaah“, gähnt Lea  und

setzt sich an den .

Eine freche  grinst  an

und knabbert an einem .

„Wenn ich eine  wär …“,

droht  .

Sofort flüchtet die 

mit dem 

hinter den alten  .

„Und was soll ich frühstücken?“,

fragt  zornig.

Sie hebt den 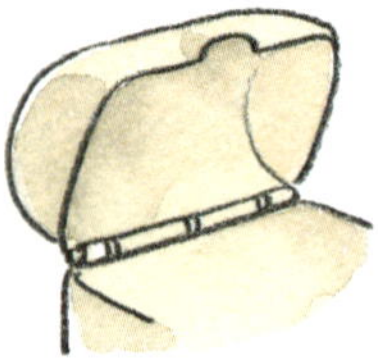

vom 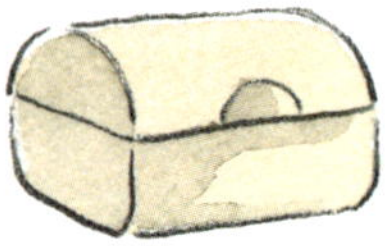 und erschrickt.

Gerade hüpft eine zweite 

mit dem letzten  davon.

Ahnungsvoll öffnet 

die  vom .

„Ach du fauliger “, ruft sie.

Ein , eine ,

drei  und zwei 

verschwinden gerade hinter dem .

Drei weitere  hocken

auf dem 

und wackeln mit den .

Na wartet!, denkt .

Ihre  funkeln.

Dann zieht sie ein dickes 

aus dem  und blättert darin.

„Ah, da ist es ja!“, ruft .

Sie setzt ihren  auf und sagt:

„Da muss ich wohl hexen!“

Sie hebt den 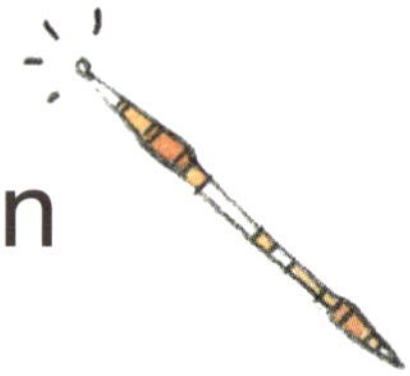 und murmelt:

„Karumm dadumm dadaus,

 komm heraus.

,  oder ,

gebt mein  wieder raus!“

Sofort fliegt ein 

auf den  .

 schwenkt den 

noch einmal und zaubert

 und  zurück.

Bald ist der  gedeckt,

und  kann frühstücken.

Die  spähen vorsichtig

hinter dem  hervor.

Da lacht  und sagt:

„Das nächste Mal verwandle

ich mich wirklich in eine ."

Dann belegt sie ein 

mit  und  und

lässt es sich schmecken.

Lea

Tisch

Maus

Brötchen

Wurst

Frosch

Schrank

Mäuse

Tür

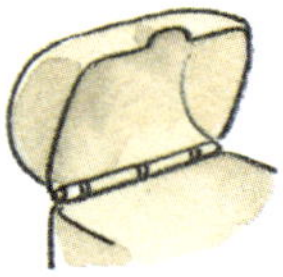

Deckel

Käse

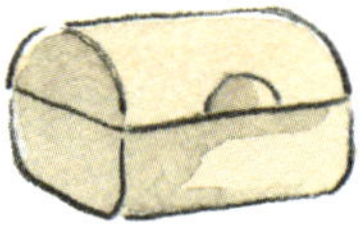

Brotkasten

Sesse

Ohren

Augen

Hexenhut

Buch

Eier

Katze

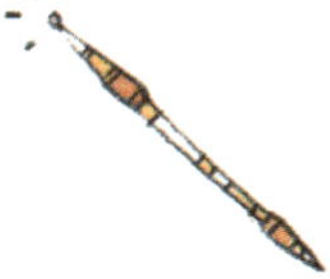

Hexenstab

Regal

Schlange

Marmeladenglas

Vogel

Äpfel

Ein Kuchen für Tante Hix

„Oje“, jammert Lea  .

Ihr  bimmelt wie verrückt.

„Gleich kommt Tante Hix  “,

ruft  den  zu

und hält die 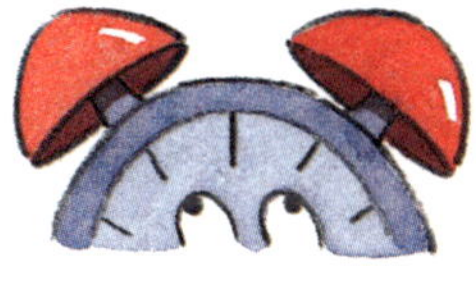 fest.

„Vorher muss ich noch aufräumen

und einen  backen.“

Geschwind schwingt 

ihren 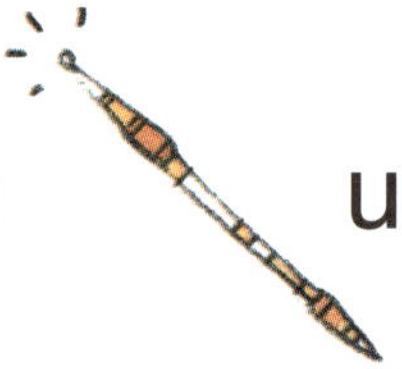 und murmelt:

„Pumpeldi und Pumpeldei –

Kleine  kommt herbei.

Räumt das  auf im Nu –

Pumpeldi und Pumpeldu."

Aber die  rennen nur

ums  und spielen Fangen.

 versucht es noch einmal.

Plötzlich bügelt das 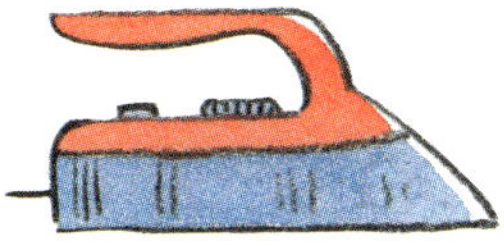

ihre , und 

fliegen durch das .

Ihr  fegt wie wild.

„Wenn das mal gut geht“,

sagt  und schüttet

,  und 

in eine  .

Sie befiehlt dem 

einen  zu rühren.

Der  rast durchs  .

„Verflixt und zugenäht“,

ruft  ärgerlich.

„Du sollst den  rühren.“

Aber der  tobt

und schleudert den 

gegen das 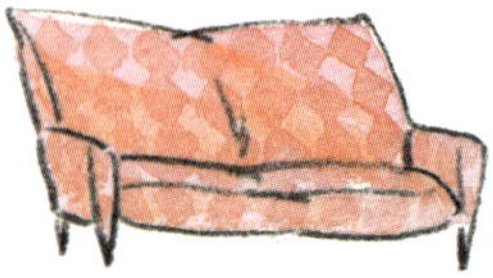 und die  .

Die  kichern.

„Wenn das  sieht“,

ruft  entsetzt.

„Was soll ich sehen?“,

fragt plötzlich .

Vor Schreck fällt  einfach um.

Geschwind hebt 

 auf das 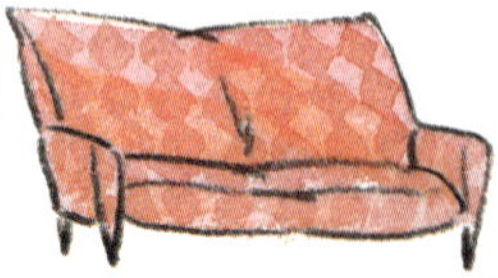.

Sie kramt eine kleine 

mit extra starken  für 

aus ihrer  und sagt:

„Drei  werden wohl genügen.“

 öffnet die  und sagt:

„Ich wollte nur aufräumen

und dir einen  backen.“

„Das sieht man“, lacht .

„Am besten, das nehme ich

jetzt in die 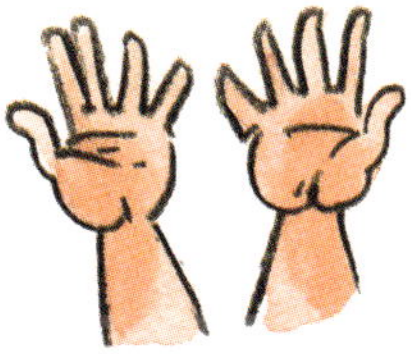!“

Lea

Kissen

Eier

Mäuse

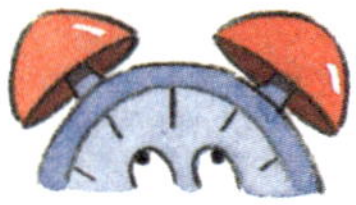

Glocken

Kuchen

Zimmer

Hose

Wecker

Tasche

Hexenstab

Mehl

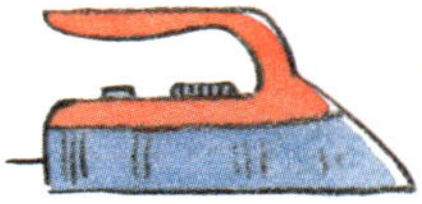

Bügeleisen

Tante Hix

Mixer

Teig

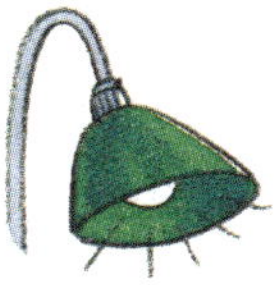

Lampe

Flasche

Besen

Hexen

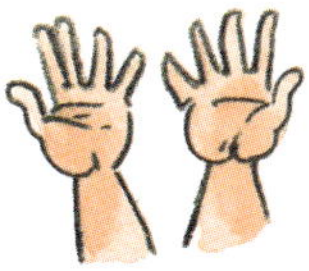

Hände

Tropfen

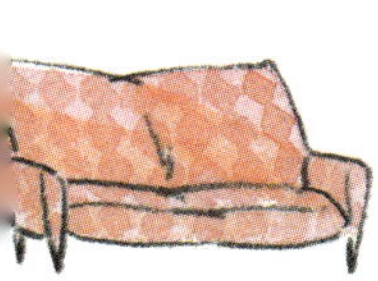

Sofa

Zucker

Augen

Schüssel

Der verzauberte Staubsauger

„Aufräumen!“, ruft Tante Hix 

und rollt mit ihren 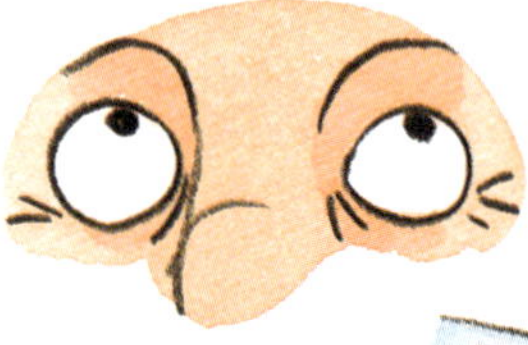 .

Ein  zuckt durch das  .

Plötzlich tragen alle 

 und 

und schrubben  und 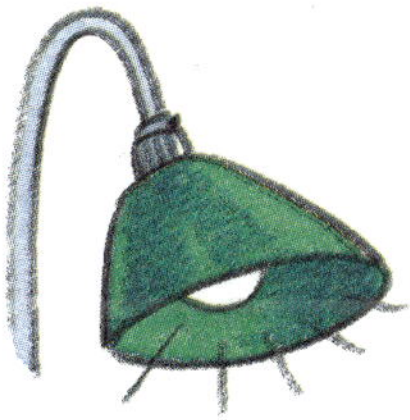 .

„Das ist ja toll!“,

ruft Lea  begeistert.

„Wie hast du denn das gemacht?“

 grinst und antwortet:

„Großes -Geheimnis!

Sieh mal, ,

ich habe ein  für dich.“

„Juchhu, ein  !“,

ruft  begeistert.

„Es wird dir nützlich sein“,

sagt  , und ihre 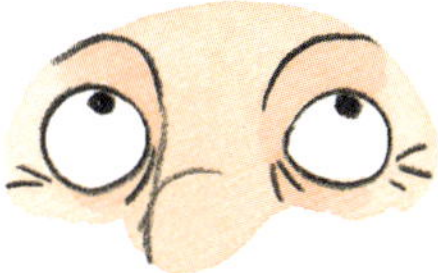

blinzeln durch die  .

 packt das  aus.

„Oh nein, ein  “,

ruft sie bestürzt.

„Jawohl, ein  “,

sagt  bestimmt.

„Einen neuen 

hätte ich gebraucht“,

nörgelt  .

„Oder einen gelben  .

Was soll ich mit einem  ?“

„Wart’s ab“, lacht  .

„Probier dein 

doch erst mal aus!“

 fummelt missgelaunt

an dem  herum.

Plötzlich düst der  los.

Wie ein 

saust er durch das  .

Die  ducken sich erschreckt.

 versteckt sich schnell

hinter dem 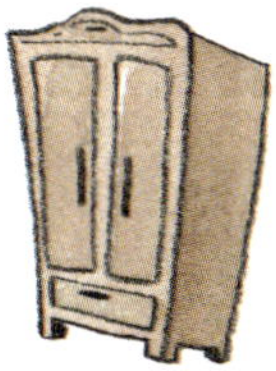 .

 hält sich am  fest.

„Das ist ja ein verzauberter  “,

jubelt  .

„Los,  ,

lass uns zum  fliegen!“

Sofort besteigt 

ihren alten  und ruft:

„Und wenn wir zurückkommen“,

ist der  fertig.“

Dann düsen die beiden 

durch das  hinaus.

Tante Hix

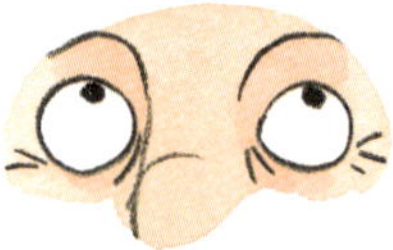

Augen

Griff

Mäuse

Schürze

Mütze

Lea

Geschenk

Hexen

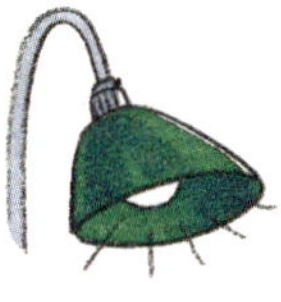

Lampe

Zimmer

Blitz

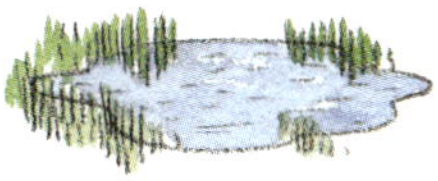

See

Kuchen

Fenster

Staubsauger

Schrank

Brille

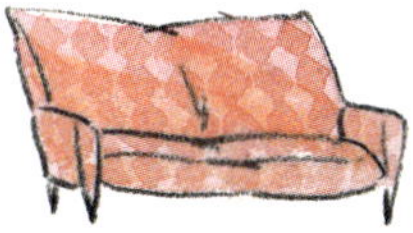

Sofa

Besen

Hexenhut

Bunte Bilderfibel

Das kunterbunte Nilpferd

48 Seiten

- Kurze Geschichten **für Allererstleser**
- Bilder ersetzen Hauptwörter
- Sehr große Fibelschrift
- Viele farbige Illustrationen
- Drei große Suchbilder

Lenas erster Schultag

und andere Schultütengeschichten

Sarah Bosse · Ursula Konopka-Nolte

Endlich geht die Schule los!
Lena ist schon ganz aufgeregt. Doch an ihrem ersten Schultag muss sie sich ausgerechnet neben den frechen Paul setzen, den sie überhaupt nicht leiden kann. Ob die beiden vielleicht doch Freunde werden?

Schneider Buch

www.schneiderbuch.de